राजा राममोहन राय

(जीवन कथा)

राजा राममोहन राय

लक्ष्मेन्द्र चोपड़ा

शृंखला सम्पादक

लीलाधर मंडलोई

वाणी प्रकाशन ग्रुप

भारतीय ज्ञानपीठ

वाणी प्रकाशन : भारतीय ज्ञानपीठ की पुस्तकों के एकमात्र प्रकाशक एवं वितरक

सजिल्द पहला संस्करण : 2017
सजिल्द दूसरा संस्करण : 2024

शिक्षोदय ग्रन्थमाला : ग्रन्थांक 044

प्रकाशक
वाणी प्रकाशन ग्रुप
4695, 21-ए, दरियागंज, नयी दिल्ली-110 002
फ़ोन : 011-23273167, 23275710
ईमेल : sales@vaniprakashan.in

ISBN 978-93-263-5531-5

राजा राममोहन राय
(जीवन-कथा)
लक्ष्मेन्द्र चोपड़ा

RAJA RAMMOHAN RAI
(Jeevan-Katha)
by Laxmendra Chopra

मुद्रक : आर. टेक ऑफ़सेट प्रिंटर्स, दिल्ली-110 032

Price: 295

भारत के भविष्य : युवा साथियों के लिए

मेरी बात

राजा राममोहन राय ने अपने समय के समाज में व्याप्त उन कुरीतियों से लड़ाई लड़ी, जो आदमी को खोखला करती जा रही थीं। स्त्रियों पर अत्याचार चरम पर थे और उन्हें जबरदस्ती सती होने के लिए बाध्य किया जाता था।

समाज में यह भी कुरीति थी कि बच्चे वयस्क भी न हो पाते थे और उनकी शादियाँ कर दी जातीं थी। वे जीवन भर इस अभिशाप को ढोते रहते। राजा रामरमोहन राय ने इन्हीं कुप्रथाओं को जड़ से मिटाने का बीड़ा उठाया। सती प्रथा को रोकना और विधवा विवाह जारी करना आसान काम न था। हिन्दू कट्टरपंथियों ने इसका विरोध किया, मगर राजा राममोहन राय ने अँग्रेजी प्रशासन से लड़-झगड़कर ऐसे कानून पास करवाये कि पीड़ित समाज को इन मानव विरोधी कुप्रथाओं से सदा-सदा के लिए छुटकारा मिल गया। यह किताब पूरे अध्ययन-मनन के बाद तैयार की गयी है कि राजा राममोहन राय की जीवन की सभी घटनाओं को तरतीबवार रखा जा सके, जिससे बच्चों को सीख मिले।

आशा है, युवा पाठकों को भी यह पुस्तक पसंद आएगी।

—लक्ष्मेंद्र चोपड़ा

भारत के निवासी बुद्धि तथा आत्मबल से भरे हैं, यदि भारतीय धर्म के नाम पर चलाये जा रही कुप्रथाओं तथा पाखंडों से मुक्ति पा जाएँ तो भारत आधुनिक प्रगति की ऊँचाइयों का स्पर्श कर सकता है। हमारा देश दुनिया के प्रगतिशील राष्ट्रों की तरह शक्तिशाली हो सकता है।

—राजा राममोहन राय

राजा राममोहन राय

तमसो मा ज्योतिर्गमय

"जोदि तोर डाक शुने केऊ ना
एसे तबे एकला चलो रे... ।"

वर्ष 1905 ई. का सितम्बर माह। विश्वकवि गुरुदेव रवींद्रनाथ ठाकुर का बांग्ला आह्वान गीत प्रकाश में आया—

"यदि तोर डाक शुने केऊ न आसे
तबे एकला चलो रे।

एकला चलो, एकला चलो,

एकला चलो रे।"

यदि तेरी पुकार पर कोई न आये

तो फिर चल अकेला रे

फिर चल अकेला

चल अकेला रे।

गुरुदेव की ये काव्य पंक्तियाँ वर्ष 1905 ई. में आयी थीं।

इन पंक्तियों के रचे जाने से सौ साल पहले के काल में हम एक बांग्ला गाँव में थे। गाँव भरी दोपहरिया में घने अँधेरे में डूबा हुआ था। नीले आसमान में चढ़ते सूर्य में 'ईस्ट इंडिया कम्पनी' के ब्रिटिश राज्य के तले दूर-दूर तक पसरा यह अँधेरा इतना घना काला था कि न केवल आँखों ने देखना बन्द कर दिया था, कानों ने सुनना और मस्तिष्क ने सोचना भी बन्द कर दिया था।

अन्धविश्वासों के अँधेरे में डूबी उस दोपहर एक किशोर अपने आँगन में एक शवयात्रा की तैयारियों के बीच, शृंगार-प्रसाधनों से सजाई जा रही उस स्त्री को आश्चर्य से देख रहा था, जो उसकी भाभी थी। यह स्त्री अभी-अभी ही विधवा हुई थी।

गहन शोक में डूबी उस स्त्री का शृंगार क्यों किया जा रहा है?

किशोर ने अपनी माँ से यही प्रश्न किया—

"माँ, बोउदिके एभाबो राजाच्छो कैनो?"

अर्थात्—माँ भाभी का शृंगार क्यों किया जा रहा है?

किशोर के प्रश्न का उत्तर किसी दिशा में नहीं था।

शवयात्रा के साथ-साथ शृंगार से सजी स्त्री को भी चितास्थल की ओर ले जाया जा रहा था।

विलाप करती स्त्री किशोर से दया की याचना कर रही थी—

"तुइ आमार भाई आर शुन्तान तुल्यो, तुइ आमा के बाचा।"

अर्थात—तुम मेरे भाई, मेरे बच्चे की तरह हो, तुम ही मेरे प्राणों की रक्षा करो।

किशोर का विरोध और उसकी विधवा भाभी के विलाप स्वर गाँव में पसरे अन्धविश्वासों में पूर्णतः असफल रहे। स्त्री के स्वजनों ने स्वयं भीड़ के बीच में ढोल-नगाड़ों के शोर में चिता की अग्नि में शव के साथ उस विधवा स्त्री को जीवित जला दिया।

यह मध्यकाल की वह क्रूर प्रथा थी, जिसे हिन्दू समाज में 'सती प्रथा' कहा जाता था। हिन्दू धर्म में प्रचलित यह कुप्रथा, पति की मृत्यु हो जाने के बाद उसकी विधवा पत्नी को भी उसकी

सती प्रथा का दृश्य

राजा राममोहन राय का आवास

चिता पर जिंदा जला देने की अमानवीय परम्परा थी।

सती प्रथा एक ऐसी अभिशप्त कुप्रथा थी जिसका हिन्दू धर्म के आधार चारों वेदों में कहीं उल्लेख नहीं है। वस्तुतः यह कुप्रथा मृत व्यक्ति की सम्पत्ति की प्रथम उत्तराधिकारी पत्नी को जीवित जला देने का षड्यंत्र था, जिसे परम्परा का नाम दे दिया गया।

अपनी भाभी के इस तरह बलपूर्वक चितादहन से वह किशोर अन्दर तक हिल गया।

उसके मन ने अपने पिता से प्रश्न किया—

"ताहोले आपनार मृत्यु परे माकेओ कि शोती होते हबै?"

अर्थात—"पिताजी क्या अगर आपकी मृत्यु हो जाती है, तो मेरी माँ को भी सती कर दिया जायेगा?"

पिता के पास इस प्रश्न का कोई संतोषजनक उत्तर नहीं था। पिता ने इस क्रूर सामाजिक कुप्रथा का बचाव किया—

"हैं, आमादेर शमाजे एई प्रोथाई चोले आराछे।"

अर्थात—"हाँ, हमारे समाज में यह प्रथा चली आ रही है।"

यह एक पिता या समझदार सामाजिक नागरिक का उत्तर नहीं था।

यह एक अज्ञानी अँधेरे समय का उत्तर था। इस अँधेरे में ब्राह्मणवादी वर्ण व्यवस्था, छुआ-छूत, कट्टर कर्मकांड, जातिगत भेदभाव, सती प्रथा जैसी कुप्रथाएँ अशिक्षा, दरिद्रता और शोषण की विषबेलें तत्कालीन समाज के विकास को अवरूद्ध किये हुए थीं।

इस अँधेरे समय को समझने के लिये उस समय के बंगाल के इतिहास को समझना होगा। यह इतिहास ईस्वी सन् 1757 के प्लासी के युद्ध से आरम्भ होता है। यही वह युद्ध है, जिसमें ब्रिटिश ईस्ट इंडिया कम्पनी ने बंगाल के नवाब सिराजुद्दौला को पराजित कर बंगाल में ब्रिटिश उपनिवेश की नींव डाली थी। इसके साथ ही भारत में ब्रिटिश दासता के युग का आरम्भ हुआ।

ब्रिटिश दासता बंगाल में ज़मीनदारी की नई अन्यायपूर्ण व्यवस्था लेकर आयी। वर्ष 1786 में बंगाल, बिहार तथा उड़ीसा प्रांतों में भूमि-कर राशि इकट्ठा करने के लिये ब्रिटिश शासन ने यह अत्याचारी ज़मीनदारी प्रथा लागू की। इसके साथ ही ब्रिटिश शासन ने साधारण किसानों के सदियों पुराने नैसर्गिक भू-सम्पत्ति अधिकार ज़मींनदारों के माध्यम से छीन लिये।

ज़मीनदारी लागू होने के ये दुष्परिणाम सामने आये—अशिक्षा, अन्धविश्वासों तथा दरिद्रता के अन्धकार का सामाजिक विस्तार।

इस अन्धकार युग में भक्तिधारा के कवि लोकचेतना के प्रकाश के साथ सामने आये। बंगाल में भक्त कवि चंडीदास ने

जातिगत भेदभाव के विरुद्ध वैष्णव भक्तिधारा में मनुष्यता के समर्थन में कहा था—

"शुनह मानुष भाई
शबार उपरे मानुष शत्तो
ताहार उपरे नाई।"

अज्ञान तथा अन्धविश्वासों की अँधियारी दोपहर में उस किशोर को उजाले की तलाश थी।

उस किशोर का नाम था राममोहन राय।

राममोहन राय को हमारे इतिहास में भारतीय पुनर्जागरण का अग्रदूत कहा जाता है।

सामाजिक पुनर्जागरण अथवा नवजागरण का अर्थ है—अतीत के उजले इतिहास से ज्ञान को पुनः खोज कर समाज के वर्तमान को प्रकाशित करना।

भारत में इस नवाजागरण अभियान का आरम्भ राजा राममोहन राय के प्रयासों से उन्नीसवीं सदी के आरंभिक वर्षों में हुआ था।

राजा राममोहन राय ने सतीप्रथा, वर्णव्यवस्था तथा मूर्तिपूजा के खंडन के लिये ज्ञान, शिक्षा तथा वैज्ञानिक तर्क प्रणाली पर आधारित 'ब्रह्म समाज' की स्थापना की। उन्हें भारत में आधुनिक शिक्षा प्रणाली तथा भारतीय प्रेस के प्रणेता के रूप में भी जाना जाता है।

उनका मंत्र था—

"असतो मा सद्गमय
तमसो मा ज्योतिर्गमय।"

—हे ईश्वर हमें असत्य से सत्य की ओर ले चलो। अन्धकार

से प्रकाश की ओर ले चलो।

सत्य और प्रकाश की खोज का यह संकल्प राजा राममोहन राय ने सम्पूर्ण भारतीय समाज के लिये लिया था।

राजा राममोहन राय का जन्म 22 मई 1772 ईस्वी में बंगाल प्रांत के बर्दवान जिले के राधापुर गाँव में एक ब्राह्मण पारम्परिक परिवार में हुआ था। उनके पिता पंडित रमाकांत राय राज-परिवार के मुख्तार थे। इनकी माता का नाम तारिणी देवी था। आरम्भ से ही राममोहन जी की विभिन्न भाषाओं के अध्ययन में विशेष रुचि थी। आपने पटना में अरबी और फ़ारसी का अध्ययन किया। इसके पश्चात इन्होंने वाराणसी में संस्कृत का गहन अध्ययन किया। उन्होंने अँग्रेजी, अरबी, फ़ारसी, संस्कृत, ग्रीक, हिब्रू, तिब्बती कई भाषाओं का ज्ञान प्राप्त किया। हिन्दू, इस्लाम, ईसाई, बौद्ध तथा सूफ़ी धर्म के सिद्धान्तों में उन्होंने दक्षता प्राप्त की। राजा राममोहन राय ने तिब्बत जाकर बौद्ध धर्म का भी विशिष्ट अध्ययन किया।

राजा राममोहन राय नास्तिक नहीं थे। वे धर्म विरोधी भी नहीं थे। लेकिन वे मूर्तिपूजा सहित सभी प्रकार के धार्मिक अन्धविश्वासों तथा हिन्दू धर्म के कर्मकांडों के घोर विराधी थे। वे आजीवन धार्मिक तथा सामाजिक सुधारों के लिये संघर्ष करते रहे। हिन्दू तथा मसीही दोनों ही धर्मों के प्रचारकों से उनका विवाद हुआ। लेकिन राजा राममोहन राय अपने विचारों पर दृढ़ रहे। उन्होंने अपने प्रगतिवादी विचारों के प्रचार-प्रसार के लिये 'ब्रह्म समाज' की स्थापना की।

राजा राममोहन राय अँग्रेजी भाषा तथा यूरोप की सभ्यता से बहुत प्रभावित थे। अपने अध्ययन से उन्होंने पाया कि भारत के

मानसिक पिछड़ेपन का एक कारण यह भी है कि यहाँ आम लोगों को न तो शिक्षा प्राप्त करने का अधिकार है और न ही आधुनिक शिक्षा की सुविधाएँ। यह एक तरह का विशिष्ट सम्पन्न वर्ग का षड्यंत्र था ताकि समाज ज्ञान-विज्ञान तथा आधुनिक विचारों से वंचित ही रहे। उन्होंने अनुभव किया कि यूरोप में आम लोगों में शिक्षा के प्रचार-प्रसार से सामाजिक विकास के कई रास्ते खुल गये। अँग्रेजी शिक्षा के महत्त्व के पक्षधर राजा राममोहन राय ने गणित और विज्ञान की शिक्षा का भी प्रचार-प्रसार किया।

अनेक भाषाओं के ज्ञाता राजा राममोहन राय ने भारतीय समाज के विकास में प्रेस की भूमिका को भी पहचाना। उन्होंने फ़ारसी भाषा में अख़बार 'मिरात-उल-अख़बार' तथा बांग्ला समाचार पत्र 'संवाद-कौमुदी' का संचालन तथा सम्पादन किया।

भारतवर्ष में सतीप्रथा को दंडनीय अपराध घोषित कराने तथा सामाजिक जागरूकता लाने में ब्रह्म समाज, आधुनिक शिक्षा तथा प्रेस तीनों ने ही राजा राममोहन के नेतृत्व मे उल्लेखनीय योगदान दिया।

आरम्भिक जीवन

बालक राममोहन बचपन से ही कुशाग्र बुद्धि के विद्यार्थी थे। उनकी आरम्भिक शिक्षा ग्रामीण पाठशाला में बांग्ला भाषा में ही हुई। उन दिनों मुगलों की शासन व्यवस्था के अन्तर्गत राज-काज की भाषा अरबी और फ़ारसी थी। उन्हें अरबी-फ़ारसी की विधिवत शिक्षा ग्रहण करने पटना भेजा गया।

राममोहन पटना के अध्ययनकाल में सूफ़ी मत के सम्पर्क

राजा राममोहन राय

में आये। उस समय की धार्मिक कट्टरता तथा संकीर्णताओं के विरुद्ध सूफ़ी संतों ने प्रेम और भाई-चारे का संदेश दिया था। सूफ़ी सतों ने इस्लाम के साथ-साथ हिन्दू धर्म में उदारता को प्रोत्साहित किया। राममोहन सूफ़ी मत से प्रभावित हुए। अपने इस अध्ययनकाल में उन्होंने सम्राट अकबर तथा विद्वान अबुल फ़ज़ल के विचारों का भी अध्ययन किया। वे अबुल फ़ज़ल के शिक्षा सम्बन्धी विचारों से काफी प्रभावित हुए। इन विचारों में अकबरकालीन विद्वान अबुल फ़ज़ल ने भारत की प्राच्य भाषाओं के साथ-साथ गणित विज्ञान तथा तार्किक दर्शनशास्त्र की शिक्षा के प्रचार-प्रसार पर बल दिया था।

पटना के पश्चात संस्कृत भाषा की शिक्षा ग्रहण करने वे बनारस गये। बनारस में उन्होंने संस्कृत तथा हिन्दी भाषाओं का अध्ययन किया। यहीं आपने वेदों तथा उपनिषदों इत्यादि धर्मग्रन्थों

का ज्ञान अर्जित किया।

वेदों तथा उपनिषदों के उच्च अध्ययन से उन्हें हिन्दू धर्म की कुरीतियों तथा कर्मकांड के विरुद्ध ज्ञान प्राप्त हुआ। उनके मन में मूर्तिपूजा के खंडन तथा एकेश्वरवादी विचारों ने स्थान बनाना शुरू कर दिया।

लगभग पंद्रह वर्ष की आयु में किशोर राममोहन ने वेदों के आधार पर एक छोटी सी पुस्तिका लिखी। उन्होंने इस पुस्तिका में बताया कि वेद ही हिन्दू धर्म के सिद्धान्तों के आधार हैं। यही ज्ञान का आधार हैं। उन्होंने हिन्दू समाज में प्रचलित मूर्तिपूजा का वैदिक आधार पर खंडन किया था। उन्होंने सिद्ध किया कि वेदों में कहीं भी मूर्तिपूजा का उल्लेख नहीं है।

उनके इन प्रगतिशील विचारों के कारण उनके कट्टरवादी परिवार ने उनका बहिष्कार कर दिया। किशोर राममोहन ने ज्ञान प्राप्त करने के उद्देश्य से लंबी यात्राएँ कीं। वर्ष ई. 1794 में वे यूरोपियन विद्वानों के सम्पर्क में आये।

इस प्रकार भारतीय नवजागरण के अग्रदूत राजाराममोहन राय अपनी युवावस्था के आरम्भिक वर्षों में ही बांग्ला, अरबी, फ़ारसी, संस्कृत, हिन्दी, अँग्रेजी, फ्रेंच, लैटिन, हिब्रू और ग्रीक भाषाओं के ज्ञाता बन गये थे। एकेश्वरवाद के प्रबल समर्थक राजा राममोहन राय ने हिन्दू, इस्लाम, बौद्ध, जैन तथा मसीही धर्म का गहन अध्ययन कर लिया था। संसार के सभी महत्त्वपूर्ण धर्मग्रन्थों के ज्ञान के कारण वे तुलनात्मक धर्म ज्ञान के तार्किक विशेषज्ञ वक्ता के रूप में प्रसिद्ध हो गये थे।

वर्ष 1805 में राजा राममोहन राय बंगाल की ईस्ट इंडिया

कम्पनी की सेवा में शामिल हुए। ईस्ट इंडिया कम्पनी की नौकरी के दौरान उन्हें यूरोप की कई यात्राओं का अवसर प्राप्त हुआ। इन यात्राओं से प्राप्त अनुभवों ने उन्हें भारतीय समाज के नवजागरण के लिये प्रेरित किया।

कुछ विचारकों का मत है कि यूरोपीय सम्पर्क में राजा राममोहन राय यूरोप के पुनर्जागरण जिसे 'रिनेसाँ' कहा जाता है, से प्रभावित हुए। रिनेसाँ यूरोप में मध्यकाल में आये एक सांस्कृतिक आन्दोलन का नाम है। यह यूरोपियन नवजागरण आन्दोलन इटली से चौदहवीं सदी में आरम्भ हुआ था। सत्रहवीं सदी तक यह पूरे यूरोप में फैल गया। रिनेसाँ का अर्थ पुनर्जन्म होता है। इस सांस्कृतिक आन्दोलन में धर्म और ज्ञान के पारम्पिक स्त्रोतों की आधुनिक तार्किक व्याख्या, शिक्षा तथा तकनीकी विकास प्रमुख हैं।

राजा राममोहन राय ने पाया कि यूरोप के पुनर्जागरण और सामाजिक सुधार आन्दोलन ने प्राचीन परम्पराओं की तार्किक व्याख्या द्वारा नए सांस्कृतिक मूल्यों की रचना की। इस बौद्धिक क्रांति ने यूरोप में एक सशक्त मध्यवर्ग को जन्म दिया। यहीं से यूरोप में नये प्रगतिवादी युग का आरम्भ हुआ, जिसमें शिक्षा, ज्ञान, तकनीक तथा तर्क के साथ-साथ सामाजिक व धार्मिक सुधारों की विशेष भूमिका थी।

राजा राममोहन राय ने भारतीय समाज के पुनर्जागरण की इच्छा से 1814 ई. में ईस्ट इंडिया कम्पनी की सेवा से अवकाश ले लिया। इसके साथ ही वे तन-मन-धन से भारतीय समाज की सेवा में जुट गये। इस यात्रा का आरम्भ उन्होंने 1815 ई. में

कोलकाता में आत्मीय सभा की स्थापना से किया।

हिन्दू धर्म की कुरीतियों के विरुद्ध आत्मीय सभा का शंखनाद

राजा राममोहन राय ने हिन्दू धर्म में व्याप्त कुरीतियों तथा कुप्रथाओं

लॉर्ड विलियम बैंटिक

के विरुद्ध 1915 ई. में कोलकाता में 'आत्मीय सभा' का गठन किया। आपने एकेश्वरवाद में विश्वास करते हुए मूर्ति पूजा तथा अवतारवाद का तार्किक खंडन किया। भारतीय समाज सुधारों के

इतिहास में आत्मीय सभा का सबसे महत्त्वपूर्ण योगदान सतीप्रथा को प्रतिबंधित करने के लिय कानून बनवाने हेतु आन्दोलन को माना जाता है। यह कानून 1829 ई. में भारत के तत्कालीन गवर्नर-जनरल लॉर्ड विलियम बैंटिक ने राजा राममोहन राय तथा उनके समर्थकों की मांग पर पूरे भारत में लागू किया था।

"तुइ आमार भाई आर शुन्तान
तुल्यो... तुइ आमा के बाचा..."

सती की चिता पर बली की जाती अपनी भाभी की मर्मांतक चीख जीवन भर राजा राममोहन राय का पीछा करती रही। हमेशा सुनते रहे वह पीड़ा भरी पुकार—

"तुम मेरे भाई और संतान तुल्य हो... मेरे को बचा लो..."

1815 ई. में राजा राममोहन राय ने सक्रिय रूप से आत्मीय सभा के माध्यम से सतीप्रथा के विरुद्ध व्यापक आन्दोलन छेड़ दिया। सतीप्रथा को धर्म विरुद्ध अपराध तथा अन्धविश्वास सिद्ध करने के लिये उन्होंने क़लम और व्याख्यानों का उपयोग किया। उन्होंने वेदों तथा उपनिषदों के माध्यम से सिद्ध किया कि सती के नाम पर मात्र स्त्रियों की हत्याएँ की जाती है। इसलिये इसे अन्धविश्वास तथा अपराध मान कर इस पर कानूनी प्रतिबंध लगा दिया जाना चाहिये।

राजा राममोहन राय ने सतीप्रथा के विरुद्ध बांग्ला तथा अँग्रेजी में तीन पुस्तकें लिख कर व्यापक रूप से उन्हें प्रसारित किया। उन्होंने अँग्रेजी पुस्तकों को तत्कालीन अँग्रेज गवर्नर जनरल लॉर्ड हेस्टिंग्स की धर्मपत्नी श्रीमती मर्किवस ऑवहेस्टिंगस को समर्पित किया था। इन किताबों ने सती-प्रथा पर प्रतिबंध का रास्ता तैयार

लॉर्ड हेस्टिंग्स

किया।

1819 ई. के इंडिया गजट में प्रकाशित एक लेख में स्वीकार किया गया कि शासन सती-प्रथा को प्रतिबंधित करना चाहता है। इस लेख के अनुसार—

"इस देश के एक प्रमुख समाज़ सुधारक विद्वान ने सती-दाह की भयानक कुप्रथा के विरुद्ध सुधार आन्दोलन चला कर प्रशासन की विशिष्ट सहायता की है। वायसराय उनके उत्साह तथा विचारों से बहुत प्रभावित हुए हैं। प्रशासन शीघ्र ही इस कलंकित कुप्रथा पर कानूनी प्रतिबंध लगा लेगा।"

लेकिन यह मार्ग इतना सरल नहीं था। कट्टरता समर्थकों

ने इसका घोर विरोध किया। राजा राममोहन राय को भी कई धमकी भरे पत्र भेजे गये। लेकिन उन्होंने और उनके साथियों ने आत्मबल बनाये रखा। इस बीच लार्ड आमहर्स्ट गवर्नर जनरल बन कर आ गये। लेकिन उन्होंने कोई कदम नहीं उठाया। सन् 1828 ई. में लॉर्ड विलियम बैंटिक आये। वे व्यापक सामाजिक सुधारों के बड़े समर्थक थे। उन्हें राजा राममोहन के परामर्श पर चार दिसम्बर 1829 को कड़े कानून बनाकर सतीप्रथा पर पूर्ण प्रतिबंध लगा दिया।

लॉर्ड बैंटिक द्वारा सतीप्रथा बन्द करने के कदम के प्रति धन्यवाद करने के लिये राजा राममोहन राय ने 16 जनवरी 1830 को आत्मीय सभा के तत्वावधान में एक अभिनन्दन सभा का आयोजन किया। इस सभा में तीन सौ के लगभग गणमान्य भद्र जन उपस्थित थे। इस अभिनन्दन सभा ने समाज-सुधार के प्रयासों को और अधिक शक्ति प्रदान की।

सती प्रथा के समर्थक भी अत्यंत कट्टर थे। उन्होंने इंग्लैंड में प्रिवी काउंसिल में सती निरोधक कानून के विरुद्ध अपील दायर की। राजा राममोहन राय तथा उनके प्रगतिवादी सुधारों के समर्थक साथियों ने भी ब्रिटिश संसद के समक्ष इस अपील के विरुद्ध अपना पक्ष दृढ़तापूर्व प्रस्तुत किया। ब्रिटिश प्रिवी काउंसिल ने भी सती प्रथा निरोधक कानून को ही मान्यता देते हुऐ विरोधियों की अपील निरस्त कर दी। इस प्रकार सतीप्रथा की समाप्ति के साथ राजा राममोहन राय के मानवतावादी सामाजिक सुधारों को वैश्विक मान्यता प्राप्त हो गयी।

सती प्रथा को प्रतिबंधित कराने के बाद आत्मीय सभा ने

बाल विवाह

बालविवाह तथा बहुविवाह की बुराइयों के विरुद्ध आवाज़ उठायी। आत्मीय सभा ने जाति भेद के विरुद्ध संस्कृत ग्रन्थ 'वज्र-सूची' नामक ग्रन्थ का बांग्ला अनुवाद प्रस्तुत किया। जिससे जाति-भेद का खंडन हुआ।

'आत्मीय सभा' सामाजिक तथा धार्मिक विसंगतियों के विरुद्ध एक शंखनाद था। सतीप्रथा, बालविवाह, बहु-विवाह, बेमेल विवाह, जाति भेद, छुआछूत, मूर्तिपूजा तथा अन्धविश्वासों के विरुद्ध प्रचार करना ही इसका उद्‌देश्य था। हिन्दू समाज की बुराइयों के विरुद्ध संघर्ष के लिये प्रगतिशील हिन्दू समाज ने इस सभा

को पूरा सहयोग दिया। राजा राममोहन राय के समाजसुधार संकल्प में शामिल थे—

- सतीप्रथा पर पूर्ण प्रतिबंध।
- अन्धविश्वासों के विरुद्ध प्रचार
- मूर्तिपूजा का खंडन।
- जातिगत भेदभाव का विरोध।
- एकेश्वरवादी मान्यताओं का प्रसार।
- बहु विवाह का विरोध।
- बाल विवाह का विरोध।
- विधवा विवाह का प्रचार
- स्त्री और पुरुषों को समान अधिकार।
- तार्किक विचार-पद्धति का प्रचार
- नई शिक्षा पद्धति का प्रचार-प्रसार।

राजा राममोहन राय वैदिक ज्ञान के प्रणेता

राजा राममोहन राय ने 1828 ई. में कोलकाता में ब्रह्म समाज की स्थापना की थी। राजा राममोहन राय संसार के सभी प्रमुख धर्मग्रन्थों का विश्लेषण करने में समर्थ थे। वर्ष 1816 में उन्होंने 'हिन्दूइज़्म' की अवधारणा प्रस्तुत की। वे वेदों उपनिषदों, बाइबल के विद्वान थे। उन्होंने इनका बांग्ला तथा अँग्रेजी में अनुवाद तथा विवेचन प्रस्तुत किया।

राजा राममोहन राय सन् 1814 ई. में कोलकोता महानगर में रहने के लिये आये। इतिहासकार श्री सुशोभन सरकार के अनुसार इसके साथ ही बंगाल में नवजागरण का आरम्भ हुआ। श्री सुशोभन

सरकार लिखते हैं—

"अँग्रेजी राज, पूँजीवादी-अर्थव्यवस्था और आधुनिक पश्चिमी संस्कृति का भारत में सबसे पहला प्रभाव बंगाल पर ही पड़ा। जिससे एक ऐसा नवजागरण हुआ जिसे इतिहास में बंगाल का रिनेसाँ कहा गया। लगभग एक सदी तक बदलती हुई आधुनिक दुनिया के प्रति बंगाल की सचेत जागरूकता शेष भारत की तुलना में आगे रही। इसी लिहाज़ से कहा जा सकता है कि भारत के पुनर्जागरण में बंगाल द्वारा निभायी गयी भूमिका की तुलना यूरोपीय रिनेसाँ के संदर्भ में इटली की भूमिका से की जा सकती है।"

श्री सुशोभन सरकार के मत में इस नवजागरण आन्दोलन का आरम्भ राजा राममोहन राय के भद्र समाज से हुआ था। इसकी अंतिम परिणिती गुरुदेव रवींद्रनाथ ठाकुर से हुई। राजा राममोहन राय का व्यक्तित्व—खान-पान, वेशभूषा तथा रहन-सहन के लिहाज़ से विक्टोरियन सज्जन के निकट प्रतीत होता था। जबकि उनकी अध्ययन दृष्टि में हिन्दू समाज तथा वैदिक परम्पराओं की प्रगतिशील तत्वों की झलक थी। सही अर्थों में वे पूर्व और पश्चिम के श्रेष्ठ गुणों के मिश्रण को हिन्दू समाज के लिये उपयोगी मानते थे।

1818 ई. में उनकी पुस्तक 'प्रीसेप्ट्स ऑफ जीसस' का प्रकाशन हुआ। इस पुस्तक में ईसा मसीह के नैतिक संदेशों को मसीही समाज की चमत्कारिक मिथकीय गाथाओं से अलग कर प्रस्तुत किया गया था। इस कारण बंगाल में सक्रिय मसीही धर्म प्रचारक उनसे रुष्ट हो गये। राजा राममोहन राय धर्म की नैतिक-शिक्षा के संदेश को चमत्कारों से अलग करके चित्रित करना चाहते थे। उनकी यह मान्यता सभी धर्मों के लिये थी।

राजा राममोहन राय ने हिन्दू समाज की विसंगतियों के खंडन तथा हिन्दू धर्म के तार्किक विचारों को वेदों के माध्यम से प्रचारित करने के उद्देश्य से ई. 1817 में कोलकाता में 'ब्रह्मसभा' का गठन किया। यही से 'ब्रह्म-समाज' आन्दोलन का आरम्भ हुआ।

ब्रह्म समाज भारत में पहला धर्म सुधार आन्दोलन था। इसका उद्देश्य हिन्दू समाज में व्याप्त विसंगतियों जैसे—सतीप्रथा, बाल विवाह, बहु विवाह, मूर्तिपूजा, जातिवाद, अस्पृश्यता, वेश्यागमन इत्यादि के विरुद्ध जनचेतना तथा उनकी समाप्ति करना था।

राजा राममोहन राय हिन्दू धर्म की विसंगतियों को वैदिक काल के बाद आया अन्धकार युग मानते थे। उनका मत था कि प्राचीन काल में वेदों के माध्यम से ही हिन्दू धर्म संचालित होता था। वेदों की जो तार्किक दृष्टि थी उसमें अन्धविश्वासों तथा चमत्कारिक भ्रमों का कोई स्थान नहीं था। समाज के कुछ स्वार्थी तत्वों ने जानबूझ कर हिन्दू समाज के आम लोगों को वेद-ज्ञान से वंचित कर दिया। जिसका दुष्परिणाम यह हुआ कि धर्म से तर्क का लोप हो गया तथा हिन्दू धर्म में कई अन्धविश्वासों तथा कुप्रथाओं का प्रवेश हो गया। इनमें जातिप्रथा, छुआछूत, मूर्तिपूजा तथा सतीप्रथा जैसी विसंगतियाँ प्रमुख थीं। राजा राममोहन राय स्वयं संस्कृत, अँग्रेजी तथा बांग्ला के कुशल जानकार थे। उन्होंने हिन्दू धर्म में व्याप्त विभिन्न बुराइयों का खंडन, वैदिक-ज्ञान का आम लोगों की भाषाओं में विवेचना करके तथा तार्किक व्याख्यान प्रस्तुत करके किया। जिसका समाज पर व्यापक प्रभाव पड़ा।

राजा राममोहन राय के आरंभिक लेख तथा पुस्तकें कोलकाता के मिशन प्रेस से प्रकाशित होते थे। लेकिन बाद में उन्होंने अनुभव

किया कि मसीही समाज के कतिपय तत्वों की रुचि भारतीय समाज के जागरण में नहीं है, बल्कि वे मीडिया का उपयोग मात्र मसीही धर्म के प्रचार में ही करना चाहते हैं।

राजा राममोहन राय अँग्रेजी भाषा तथा बाइबल के विद्वान अध्येता थे। वे मसीही समाज की सामूहिक प्रार्थना सभाओं में मानवतावादी दृष्टिकोण से भाग लेते थे। वे धर्मांतरण के विरुद्ध थे। उनका मत था सभी धर्मों में सुधार की आवश्यकता है, तथा सभी धर्मों से चमत्कार व पाखंड को समाप्त कर मानवतावादी पक्ष का विकास किया जा सकता है। इसी उद्देश्य से उन्होंने ईसा मसीह के महान संदेशों पर केंद्रित एक पुस्तक प्रकाशित की— "द प्रीसेप्ट्स ऑफ जीसस।"

इस पुस्तक में मसीही समाज में व्याप्त कुछ बुराइयों की भी चर्चा की। मसीही समाज में उनका विरोध आरम्भ हो गया। अपने विचारों के स्पष्टीकरण में राजा राममोहन राय ने दो पुस्तकें 'एन अपील टुँ द क्रिश्चियन पब्लिक' भाग एक तथा दो प्रकाशित कीं। मसीही समाज के प्रबुद्ध वर्ग में उनके विचारों का स्वागत भी हुआ।

सन् 1823 ई. में राजा राममोहन राय ने 'यू निटेरियन प्रेस' लगाया।

राजा राममोहन राय द्वारा लगाये गये UNITARIAN PRESS में 'Unitarian' का हिन्दी अर्थ है—अद्वैतवादी, एकेश्वरवादी— अर्थात एक परमेश्वर को मानने वाला।

राजा राममोहन राय का मत था कि भारत के सभी धर्मों में व्यापक सुधार तथा उनमें आपसी सदभाव लाने की आवश्यकता है। उनकी मान्यता थी कि सभी धर्मों में एक ही ईश्वर की

अवधारणा है। अतः केवल अद्वैतवाद अथवा एकेश्वरवाद के सिद्धातों पर धार्मिक सुधार तथा उनके परस्पर सद्भाव की स्थापना की जा सकती है।

'अद्वैतवाद' सनातन हिन्दू धर्म के दर्शन 'वेदान्त' के सबसे प्रभावशाली मत में से एक है। यह एक ही ईश्वर के सिद्धान्त पर आधारित है।

राजा राममोहन राय ने सनातन हिन्दू धर्म की वैदिक प्रणाली तथा ज्ञान के प्रचार हेतु ईस्वी सन् 1825 में कोलकात्ता में वेदान्त कॉलेज की स्थापना की।

वेदान्त शब्द 'वेद' तथा 'अंत' इन दो शब्दों के सम्मिश्रण से बना है। इसका अर्थ है वेद अथवा वेदों का सार।

राजा राममोहन राय ने अनेक धार्मिक पाखंडवादी तथा सामाजिक रूढ़ियों का विरोध किया। उस समय उनके विरुद्ध एक जुट हुए उनके हिन्दू तथा मसीही विरोधियों ने आरोप लगाया था कि—राजा राममोहन राय नास्तिक तथा धर्मविरोधी हैं। लेकिन राजा राममोहन राय धर्म में सुधार के तार्किक पक्षधर थे। उनका नवजागरण तथा सुधार आन्दोलन धर्म के पाखंडों का विरोधी था, धर्म का नहीं। वे यूरोप की धार्मिक प्रार्थना सभाओं के सामूहिक स्वरूप से प्रभावित थे, तथा हिन्दू धर्म को प्रजातांत्रिक बना कर उसे सामूहिकता व एकता का कल्याणकारी आधार बनाना चाहते थे।

राजा राममोहन राय ने एकेश्वरवाद की धारणा के प्रचार के लिये मूर्तिपूजा का खंडन किया। उन्होंने सिद्ध किया कि वेदों में कहीं भी मूर्तिपूजा का उल्लेख नहीं है। हिन्दू धर्म के प्राचीनतम

ग्रन्थ वेद हैं। वेदों में एक निराकार निर्गुण ब्रह्म अथवा ईश्वर की ही उपासना का विधान है। हिन्दू धर्म में चार वेद इस प्रकार हैं—

- ऋग्वेद—ईश्वर का गुणगान।
- सामवेद—संगीत केंद्रित।
- यजुर्वेद—क्रिया तथा यज्ञ।
- अथर्ववेद—आरोग्य।

इन चार वेदों में 20589 मंत्र हैं। इन मंत्रों में एक भी ऐसा मंत्र नहीं है जो मूर्तिपूजा का समर्थन करता हो। वेदों में कहा गया है—

• "न तस्य प्रतिमाऽ अस्ति यस्य नाम महद्यसः।"

—यजुर्वेद अध्याय-32, मंत्र-3

अर्थात—उस ईश्वर की कोई मूर्ति अथवा प्रतिमा नहीं है जिसका महान यशगान किया गया हो।

•• "वैनस्त पश्यम नितिनम् गुहायाम।"

—यजुर्वेद अध्याय 32, मंत्र-8

अर्थात—विद्वान पुरुष ईश्वर को अपने हृदय में देखते हैं।

••• "अन्धन्तमः प्रविशंति येऽसंभूति मुपासते।
ततो भूयऽइव ते तमो यऽ उसम्भूत्या-रताः।"

— यजुर्वेद अध्याय 40, मंत्र 9

अर्थात—जो जन परम ईश्वर के स्थान पर जड़ पदार्थों या उससे बनी मूर्तियों की उपासना करते हैं वे घोर अन्धकार को प्राप्त करते हैं।

राजा राममोहन राय का मत था कि एकेश्वरवादी उपासना की बजाए देवी-देवताओं की मूर्तियों की पूजा-पद्धतियाँ

धर्मावलम्बियों में फूट तथा वैमनस्य पैदा करती हैं। साथ ही धार्मिक पाखंडों, शोषण तथा अन्धविश्वासों को भी जन्म देती हैं।

राजा राममोहन राय ने अनुभव किया कि कुछ स्वार्थी पंडित वेदों को आम जनता से दूर रखने का षड्यंत्र रच रहे हैं। वे अपने स्वार्थों के चलते वेद मंत्रों के अर्थ का अनर्थ कर हिन्दू धर्म में पाखंड तथा अन्धविश्वास का प्रचार कर रहे हैं। राजा राममोहन राय ने वेदान्त-ज्ञान के माध्यम से सिद्ध किया कि वेदों में सती प्रथा का उलेख नहीं है, तथा हिन्दू धर्मग्रन्थ विधवा विवाह का समर्थन करते हैं।

वैदिक काल में नारी को सभी सामाजिक तथा धार्मिक अधिकार प्राप्त थे।

अथर्ववेद 19.3.1 के मंत्र में सती-प्रथा के विरुद्ध सद्य: विधवा नारी को सीख दी गयी है—

"यह नारी (अर्थात तेरी पत्नी) धर्म का पालन करती है, वह पति के घर को ही पसन्द करती है। हे मृत मनुष्य, तेरी मृत देह के समीप भूमि पर बैठी हुई है, उसे संतान और सम्पत्ति यहीं सौंप दे।"

अथर्ववेद के इस मंत्र का स्पष्ट अर्थ है कि—पति की मृत्यु होने के बाद पत्नी का ही सम्पत्ति तथा संतान पर पूर्ण अधिकार है।

अथर्ववेद इसी क्रम में अगले मंत्र में ही सीख देता है—

"हे मृत पति की धर्मपत्नी, तू मृत के पास से उठ कर गृहस्थ लोक में आ, तू इस निष्प्राण पति के पास क्यों बैठी हुई है? अपने पाणीग्रहण कर्ता पति से प्राप्त संतान का तू पालन-पोषण

विधवा विवाह

कर।''

अथर्ववेद में विधवा विवाह के समर्थन में मंत्र 9.5.27-28 में कहा गया है—

''जो स्त्री विधवा विवाह कर पुनः पत्नी बनती है वह तथा उसका दूसरा पति एक ही गृहस्थी में सुखपूर्वक निवास करते हैं।''

इस प्रकार वेदान्त शिक्षाओं ने सिद्ध किया कि वेदों में सती प्रथा जैसी अमानवीय अत्याचारी कुरीति नहीं है अपितु विधवा के पुनर्विवाह की भी सीख दी गयी है। वेदों में नारियों के समानाधिकारों के साथ उनके यशस्वी होने की भी प्रार्थना की

गयी है।

यजुर्वेद की एक प्रार्थना में कहा गया है—

"हमारे राष्ट्र में सभ्य विजेता वीर युवक तथा विदुषी युवतियाँ जन्म लें।"

अथर्ववेद के मंत्र 10.3.20 की कामना है—

"जैसा यश कन्या में होता है वैसा यश मुझे प्राप्त हो।"

राजा राममोहन राय ने सन् 1816 ई. में वेदान्त का बांग्ला भाषा में अनुवाद किया। यह पुस्तक 'वेदान्त-सार' के नाम से आम जनता के लिये प्रकाशित की गयी। अभी तक वेदों का ज्ञान सरल भाषा तथा सही अर्थों में आम जनता की पहुँच में नहीं था। "वेदान्तसार" अपनी सरल भाषा तथा शैली के कारण हिन्दू समाज में सुधारों के ध्रुवतारे की तरह जगमगाने लगा।

राजा राममोहन राय ने अँग्रेजी भाषा में भी "वेदान्त सार" का प्रकाशन किया। इसके प्रकाशन के साथ ही पूरी दुनिया में वैदिक ज्ञान का प्रकाश फैल गया। वेदान्त-सार के माध्यम से सभी धर्मों में एक नयी चेतना का विस्तार हुआ। राजा राममोहन राय ने अपने अद्वैतवाद विचारों के प्रचार-प्रसार के लिये बांग्ला तथा अँग्रेजी के साथ-साथ अरबी तथा फ़ारसी भाषा में भी लेखन किया।

उन्होंने अपनी पहली पुस्तक सन् 1803 ई. में अरबी तथा फ़ारसी भाषा में लिखी। उनकी इस पुस्तक का नाम था— 'तुहफ़तुल मुवाहिदीन।' हिन्दी भाषा में इसका अर्थ है— "एकेश्वरवादियों के लिये उपहार।"

राजा राममोहन राय ने 'वेदान्त-सार' में वेदान्त को समस्त धर्मों तथा समाज के लिये ज्ञानयोग की एक ऐसी शाखा के रूप

में प्रस्तुत किया जो तार्किक ढंग से सभी को ज्ञान का प्रकाश देती है। एकेश्वरवादी धार्मिक मान्यताओं के पक्ष में प्रकाशित इस ग्रन्थ के सम्बन्ध में अँग्रेजी सरकारी गजट में स्वीकार किया गया कि—

"वेदान्त सार" अत्यंत महत्त्वपूर्ण ग्रन्थ है। इस कृति में प्रस्तुत तर्कों के विश्लेषण से यह स्थापना दृढ़ होती है कि यह सामाजिक तथा धार्मिक सुधारों के लिये अत्यंत साहसिक उद्यम है।"

वैदिक शिक्षाओं के माध्यम से एकेश्वरवादी मान्यता के प्रचार-प्रसार के क्रम में राजा राममोहन राय ने 1825 ई. में कोलकाता में वे 'वेदान्त कॉलेज' की स्थापना की। इस कॉलेज के माध्यम से वे भारत को आधुनिक शिक्षा के आलोक में ले जाना चाहते थे। इस कॉलेज में विद्यार्थियों को अँग्रेजी, संस्कृत तथा बांग्ला भाषा के साथ गणित और विज्ञान की भी शिक्षा दी जाती थी। इस महाविद्यालय में संस्कृत विद्वानों को नियुक्त किया गया जो छात्रों को अद्वैतवाद की शिक्षा देते थे। इस प्रकार संस्कृति के वैदिक ज्ञान के साथ-साथ आधुनिक विज्ञान, गणित तथा अँग्रेजी शिक्षा का भारत की शिक्षा-पद्धति में आरम्भ हुआ।

ब्रह्म समाज

राजा राममोहन राय किशोरावस्था से ही विचारों से प्रगतिशील, एकेश्वरवादी तथा धार्मिक एकता के समर्थक थे। उन्हें अँग्रेजी, संस्कृत, बांग्ला, अरबी तथा फ़ारसी भाषाओं में दक्षता प्राप्त थी। उन्होंने हिन्दू, बौद्ध, जैन, इस्लाम तथा मसीही धर्म के ग्रन्थों व सिद्धान्तों का गहन अध्ययन किया था। वे बंगाल की भक्तिधारा,

इस्लाम के सूफ़ी मत तथा बाइबल की सामूहिक प्रार्थना प्रणाली से अत्यंत प्रभावित थे।

पंद्रह वर्ष की आयु में उन्होंने हिन्दू धर्म की मूर्तिपूजा के खंडन में बांग्ला भाषा में एक छोटी पुस्तिका लिखी थी। उनकी पहली प्रकाशित पुस्तक अरबी, फ़ारसी में 'तुहफुतल मुवाहिदीन' (एकेश्वरवादियों के लिये उपहार) थी।

1805 से 1814 ई. तक वे ईस्ट इंडिया कम्पनी में सेवारत रहे। इस अवधि में उन्होंने यूरोप के धार्मिक आन्दोलन को बहुत से निकट से देखा। आपने ईसा मसीह के संदेशों पर केंद्रित अँग्रेजी

ब्रह्म समाज

पुस्तक 'द प्रीसेप्ट्स ऑफ जीसस' प्रकाशित की। ई. सन् 1916 में उन्होंने भारतीय वेदों के संदेशों बांग्ला तथा अँग्रेजी में सरल शैली में एक महत्त्वपूर्ण पुस्तक 'वेदान्त सार' लिखी। राजा राममोहन राय ने धार्मिक तथा सामाजिक सुधारों के लिये पत्रकारिता को भी माध्यम बनाया। 1821 ई. में बांग्ला समाचार साप्ताहिक पत्र 'संवाद कौमुदी' 1823 ई. में फ़ारसी भाषा में 'मिरातुल अख़बार' तथा अँग्रेजी भाषा में 'ब्रह्मनिकल मैग्जीन' का उन्होंने प्रकाशन किया।

इस प्रकार हम देखते हैं कि राजा राममोहन राय का एकेश्वरवादी मत सर्वधर्म समभाव की भावना के अनुरूप सभी धर्मों के लिये समान था।

राजा राममोहन राय मसीही धर्म की सामूहिक प्रार्थना पद्धति से बहुत प्रभावित थे। वे चाहते थे कि हिन्दू धर्म में भी सामूहिकता के आधार पर प्रार्थना सभाएँ आयोजित की जाएँ। 1914 ई. में ईस्ट इंडिया कम्पनी की सेवा से अवकाश ग्रहण कर वे स्थायी रूप से कोलकाता रहने आ गये। यहाँ आपने 'ब्रह्म सभा' की शुरुआत की। अद्वैतवाद के प्रचार के साथ-साथ उनकी ब्रह्म सभा में वेदों के सामूहिक पाठ के लिये लोग जुटते थे।

राजा राममोहन राय ने अपने मित्र श्री रामकमल वासु की सहायता से एक सभा भवन किराये पर लिया। मसीही समाज की सामूहिक प्रार्थना सभाओं की शैली पर इस 'ब्रह्म सभा' में प्रार्थनाएँ की जाती थीं। इन सामूहिक प्रार्थनाओं में वेदों तथा उपनिषदों की ऋचाओं का पाठ तथा विवेचन होता था, जिनका मूल संदेश अद्वैतवाद तथा हिन्दू धर्म में प्रगतिशील सुधारवादी

दृष्टिकोण का उन्नयन था। राजा राममोहन राय की इस संस्था से धीरे-धीरे कोलकाता के प्रबुद्ध समाज के लोग जुड़ने लगे।

राजा राममोहन राय ने कोलकाता में 20 अगस्त 1828 ई. को 'ब्रह्म समाज' की स्थापना की। यह भारतीय नवजागरण काल में आन्दोलन था। इसका उद्देश्य वैदिक शिक्षाओं तथा पत्रकारिता के माध्यम से हिन्दू समाज में व्याप्त विसंगतियों—जैसे सती प्रथा, बाल विवाह, बहुविवाह, अस्पृश्यता, जातिवाद, मूर्तिपूजा, अन्धविश्वास तथा वेश्यागमन को समाप्त करना था। 'ब्रह्म समाज' भारत में एकेश्वरवादी अवधारणा के विकास के साथ-साथ नई शिक्षा पद्धति तथा वैज्ञानिक-तार्किक वैचारिक प्रणाली का समर्थक था।

राजा राममोहन राय द्वारा स्थापित 'ब्रह्म समाज' जाति-वर्ण के भेदभाव से मुक्त विश्वबन्धुत्व के संदेश पर आधारित था। इस सामाजिक-आध्यात्मिक आन्दोलन के सिद्धान्त इस प्रकार थे—

- धर्म की तार्किक व्याख्या।
- एकेश्वरवाद अथवा अद्वैतवाद।
- वेदान्त-दर्शन का मार्ग।
- मूर्तिपूजा, कर्मकांड, अन्धविश्वासों तथा कुप्रथाओं का खंडन।
- एक मानवतावादी धर्म।
- सर्वधर्म समभाव।
- वेदों तथा उपनिषदों की व्याख्या।
- एक ईश्वर में विश्वास।
- सती प्रथा पर पूर्ण कानूनी प्रतिबंध।
- जातिवाद, वर्णव्यवस्था तथा अस्पृश्यता का पूर्ण विरोध।

• स्त्री-शिक्षा तथा स्त्रियों के समान अधिकारों के लिये संघर्ष।

वस्तुतः राजा राममोहन राय का 'ब्रह्म समाज' कोई नया धर्म नहीं था, यह भारतीय समाज में नवजागरण का एक सशक्त आन्दोलन था। आगे चलकर उनके इस समाज सुधार आन्दोलन में कई महानुभावों ने योगदान दिया। इनमें महात्मा गाँधी, स्वामी दयानंद सरस्वती, रवींद्रनाथ ठाकुर, देवेंद्रनाथ ठाकुर, केशवचंद्र सेन, विवेकानंद जैसे कई महान विचारक शामिल हैं।

राजा राममोहन राय के ब्रह्मसमाज आन्दोलन की सफलता के बीज तत्कालीन भारतीय समाज की परिस्थितियों में ही थे। यूरोप से सम्पर्क के कारण भारतीय समाज में एक नयी प्रगतिशील विचारधारा का संचार हो रहा था। हिन्दू समाज की मध्ययुगीन परम्पराएँ, प्रथाएँ तथा रीति-रिवाज विश्वास खोने लगे थे। समाज बदल रहा था, विचार बदल रहे थे, लेकिन ये परम्पराएँ पाखंड तथा जड़ रूप में भारत की प्रगति में अवरोध बन गयी थीं। भारतीय समाज की प्रकृति धार्मिक सोच की थी। अतः यह आवश्यक था कि समाज में नए मूल्यों व विचारों का संचार धार्मिक, सामाजिक, सांस्कृतिक तथा नैतिक मान्यताओं की सही तथा तार्किक व्याख्याओं के अनुरूप हो। राजा राममोहन राय के नेतृत्व में 'ब्रह्म समाज' ने हिन्दू धर्म की गलत, अन्धविश्वासी, अवैज्ञानिक कुप्रथाओं तथा रूढ़ियों की आलोचना करते हुए सुधार की आवश्यकता समझाई। साथ ही धर्म और समाज के श्रेष्ठ मूल्यों की तार्किक व्याख्याएँ प्रस्तुत कर धार्मिक सुधारों के माध्यम से भारत में एक आधुनिक दृष्टि सम्पन्न सामाजिक व सांस्कृतिक समाज के निर्माण का मार्ग प्रशस्त किया।

ईश्वरचन्द्र विद्यासागर

राजा राममोहन राय समझ रहे थे कि तत्कालीन ब्रिटिश सरकार उच्च वर्गीय रूढ़ीवादी लोगों के दबाव के भय से भारतीय विशेषत: हिन्दू समाज की सामाजिक तथा धार्मिक बुराइयों तथा विसंगतियों के विरुद्ध कदम नहीं उठा रही। ईसाई मिशनरियों की भी रुचि हिन्दू समाज की बुराइयों को उभार कर धर्मांतरण में ही अधिक थी। इन सबके प्रतिरोध में राजा राममोहन राय द्वारा स्थापित 'ब्रह्म समाज' के साथ नवोदित भारतीय मध्यम वर्ग ने विशेष रुचि दिखायी।

'ब्रह्म समाज' द्वारा आरम्भ किये गये धर्म सुधार आन्दोलन को इन व्यक्तियों तथा संगठनों ने विशेष योगदान दिया—वर्ष 1867 में मुम्बई महाराष्ट्र के श्री महादेव गोविंद रानाडे तथा उनके मित्रों द्वारा गठित 'प्रार्थना समाज', सन् 1875 में स्वामी दयानंद सरस्वती

सती प्रथा

द्वारा स्थापित 'आर्य समाज', सन् 1897 में स्वामी विवेकानंद द्वारा संगठित 'रामकृष्ण मिशन'।

सर्वधर्म समभाव के संदेश पर केंद्रित 'ब्रह्म समाज' में किसी भी तरह का धार्मिक भेदभाव नहीं था। इसे धर्मनिरपेक्ष ब्रह्मवादी उपासना संस्था भी कहा जाता था। यहाँ एक ही कक्ष में सभी धर्म के अनुयायी प्रार्थना कर सकते थे। यहाँ बिना किसी जाति-पाती के भेदभाव के सभी एक ही ईश्वर की संतान की भावना से एकत्रित होते थे। राजा राममोहन उपस्थित लोगों के संदेहों तथा प्रश्नों का तर्कसम्मत उत्तर देते थे। उनका स्वयं का मत था कि— ''मैं किसी नए धर्म अथवा सम्प्रदाय की स्थापना नहीं कर रहा हूँ। मैं बिना किसी भेदभाव के सर्वधर्म समभाव की भावना से विश्व बन्धुत्व के लिये प्रार्थना कर रहा हूँ, क्योंकि हम सब एक ही ईश्वर की संतान हैं।''

विद्वान समाज सुधारक श्रीकेशवचंद्र सेन ने ब्रह्म समाज के प्रचार-प्रसार में उल्लेखनीय योगदान दिया। राजा राममोहन राय के प्रयासों के सम्बन्ध में 1865 ई. में इंडियन मिरर में वे लिखते हैं—

"राजा राममोहन राय का ऐसा कोई विचार नहीं था कि वे किसी नऐ पंथ का निर्माण करें। वे सभी धर्मों तथा सम्प्रदाय के अनुयाइयों को बिना किसी भेद के एक ही कक्ष में आमंत्रित करते थे। उनका मत था कि सभी को एक परमेश्वर की आराधना करना चाहिये। उनके द्वारा आयोजित प्रार्थना-सभा में सभी धर्मों के व्यक्ति शामिल होते थे।"

ब्रह्म समाज कई अर्थों में अनेकता में एकता का प्रतीक था। राजा राममोहन राय एक ब्रह्म के संदेश के माध्यम से विश्व बन्धुत्व, सत्य, शान्ति तथा सदाचार की स्थापना करना चाहते थे। लेकिन यह काम इतना सरल नहीं था। जैसा कि इतिहासवेत्ता विद्वान सतीशचंद्र चक्रवर्ती का कथन है—

"राजा राममोहन राय का विचार था कि ब्रह्म समाज सभी धर्म और सम्प्रदाय के अनुयाइयों के लिये एक मन्दिर बनेगा। इस उपसनागृह में सभी मिल कर ईश्वर की उपासना करेंगे। यह पूरे भारत देश की एकता का आधार होगा। मैं राजा राममोहन राय की इस सोच को समझने में असमर्थ हूँ कि क्या हिन्दू, मुस्लिम और मसीही धर्म के अनुयायी अपने धार्मिक नियमों का पालन करते हुए, एक साथ उपासना कर सकते हैं? लेकिन मैं स्वीकार करता हूँ कि ईश्वर एक है तथा सभी जीवों में विद्यमान है।"

'ब्रह्म समाज' की एक ही उपासना गृह में समस्त

धर्मावलम्बियों द्वारा एक ही ईश्वर की उपासना करने की आदर्श कल्पना को पूर्ण सफलता तो नहीं मिली। लेकिन हिन्दू धर्म की बहुत सी कुप्रथाओं के विरुद्ध एक आदर्श भारतीय समाज के निर्माण में 'ब्रह्म समाज' ने महत्त्वपूर्ण योगदान दिया है।

भारतीय पत्रकारिता में राजा राममोहन राय का योगदान

राजा राममोहन राय भारत के भाषायी प्रेस के संस्थापकों में एक अग्रणी नाम है।

भारतीय नव जनजागरण तथा धार्मिक समाज-सुधार आन्दोलन में उन्होंने भारतीय प्रेस का महत्त्वपूर्ण प्रयोग किया। वे हिन्दी तथा अँग्रेजी के अलावा फ़ारसी, अरबी, संस्कृत तथा बांग्ला भाषाओं के भी विद्वान थे।

- राजा राममोहन राय ने 'ब्रह्मनिकल मैग्जीन',
- 'संवाद
- जूरी प्रथा आरम्भ की जाये।
- पंचायतें कायम की जायें।
- क़ानूनों का स्वरूप भारतीय हितों को ध्यान में रखते हुए बनाया जाये।

सन् 11833 में राजा राममोहन राय ने प्रेस की आज़ादी के लिये एक बड़ा अभियान चलाया। उन्होंने सर्वोच्च न्यायालय में एक स्मृति पत्र प्रस्तुत किया। इस पत्र में प्रेस की आज़ादी की आवश्यकता तथा उससे समाज को होने वाले लाभों को गिनाया गया था। समाचार पत्रों की स्वतंत्रता के लिये चलाये गये इस अभियान को सन् 1835 में शासन की भी स्वीकृति प्राप्त हुई।

यही अभियान आगे चलकर भारतीय प्रेस की आज़ादी के आधारभूत सिद्धान्तों में से एक महत्त्वपूर्ण सिद्धान्त बना।

राजा राममोहन राय : जीवन का उत्तरकाल

राजा राममोहन राय को इतिहासवेत्ताओं ने भारतीय नवजागरण का अग्रदूत कहा है। उनके जीवन की सबसे बड़ी उपलब्धि भारत से सती-प्रथा की समाप्ति को बताया गया है। कुछ इतिहासकारों ने राजा राममोहन राय की आलोचना भी की है।

राजा राममोहन राय को अपने जीवनकाल में ही हिन्दू, मुस्लिम तथा मसीही धर्म के कट्टरपंथियों की आलोचना तथा निंदा का सामना करना पड़ा था। क्योंकि वे उनके प्रगतिशील विचारों तथा धर्म-सुधार के प्रयासों से सहमत नहीं थे। उस युग में कट्टर हिन्दू समुद्री यात्राओं को भी पाप मानते थे। इस तरह के पाखंडों का हमेशा विरोध किया। उन्होंने समुद्र पार कर इंग्लैंड की भी यात्राएँ कीं।

मसीही समाज भी, राजा राममोहन राय द्वारा उनकी आलोचना तथा धर्मांतरण विरोध के कारण रुष्ट था। अँग्रेज सरकार को राजा राममोहन राय के प्रगतिशील धार्मिक विचार तथा इंग्लैंड की आयरलेंड विरोधी नीति के विरुद्ध लिखे गये सम्पादकीय आलेख पसन्द नहीं आये। अँग्रेज सरकार ने प्रेस की आज़ादी पर प्रतिबंध लगाने के लिये एक अध्यादेश जारी कर उनके अख़बार 'मिरात-उल-अख़बार' को बन्द करवा दिया। लेकिन राजा राममोहन राय ने इन सभी विरोधों के बावजूद अपना सुधारवादी आन्दोलन जारी रखा।

कुछ इतिहासकारों ने राजा राममोहन राय की आलोचना यह कहते हुए की है कि वे अँग्रेजी भाषा, अँग्रेजी सभ्यता तथा अँग्रेजों की जीवन-शैली के घोर प्रशंसक थे। उन्होंने भारत की आज़ादी में कोई प्रत्यक्ष योगदान नहीं दिया। यह भी कहा जाता है कि वे लार्ड मैकाले की विदेशी शिक्षा-पद्धति के समर्थक थे, जिसके कारण देशी शिक्षा-प्रणाली का नुकसान हुआ। इन समस्त आलोचनाओं के बावजूद भारतीय विद्वानों के मत में राजा राममोहन राय भारत में नये युग के अग्रदूत थे। गुरुदेव रवींद्रनाथ ठाकुर, पंडित जवाहरलाल नेहरू सहित कई विद्वान विचारकों ने उन्हें महान समाज सुधारक कहा है।

राजा राममोहन राय 1831 ई. में इंग्लैंड गये। श्री राममोहन राय इंग्लैंड के सम्राट के समक्ष मुगल बादशाह अकबर-दो का पक्ष प्रस्तुत करने गये थे। उसी समय मुगल बादशाह ने उन्हें 'राजा' की मानद उपाधि प्रदान कर इंग्लैंड भेजा था। इस प्रवास में उन्होंने आंग्ल सभ्यता तथा संस्कृति पर व्याख्यान भी दिये। इंग्लैंड के उच्च संसद में उन्होंने भारतीय सती प्रथा निरोधक कानून के समर्थन में सुधारवादी पक्ष की विजय के लिये सफल प्रयास किये। इसी प्रवास में उन्होंने फ्रांस की भी यात्रा की तथा विश्वबन्धुत्व की आवश्यकता प्रतिपादित की।

सन् 1833 में इंग्लैंड में ही वे गंभीर रूप से अस्वस्थ हो गये। मस्तिष्क ज्वर की गंभीर बीमारी के कारण 27 सितम्बर 1833 ई. को उनका इंग्लैंड के ब्रिस्टल नगर के स्टेपलटन क्षेत्र में देहांत हो गया। वहीं आर्नोसबेल क़ब्रिस्तान में उनका अंतिम संस्कार कर दिया गया।

राजा राममोहन राय की समाधि ब्रिस्टल के बाहरी क्षेत्र आर्नोसबेल में स्थित है। सन् 1843 में ब्रह्म समाज के प्रबल समर्थक श्री द्वारकानाथ ठाकुर ने इस समाधि की छतरी व मन्दिर का निर्माण करवाया था।

सन् 2008 में मुम्बई के पारसी व्यवसायी श्री फ़ीरोज कांट्रेक्टर की ब्रिस्टल निवासी पत्नी इतिहासकार विदुषी कार्ला कांट्रेक्टर के प्रयासों से इस समाधि का पुनरुद्धार किया गया। इसके पूर्व सन् 1997 में भारतीय स्वर्ण जयंती वर्ष में कोलकाता के मूर्तिकार श्री निरंजन प्रधान की बनायी राजा राममोहन राय की एक प्रतिमा भी ब्रिस्टल में स्थापित की गयी थी। सन् 2008 में हुए पुनरुद्धार कार्य में कोलकोता नगर निगम तथा सिंगापुर के कोलकाता व्यवसायी श्री आदित्य पौद्दार ने आर्थिक सहयोग प्रदान किया।

प्रतिवर्ष 27 सितम्बर को ब्रिस्टल में राजा रामामेहन राय की समाधि पर एक श्रद्धांजलि सभा आयोजित की जाती है। इस सभा में भारतीय जनजागरण के अग्रदूत के रूप में उनका स्मरण किया जाता है।

राजा राममोहन राय ने कहा था...

अन्धविश्वासों के विरुद्ध

"आज के नये ज़माने में अन्धविश्वासों का कोई स्थान नहीं है। हम सभी को अन्धविश्वासों को छोड़ देना चाहिये चाहे वे धर्म से सम्बन्धित क्यों न हों। हम सभी को विज्ञानसम्मत बातों को स्वीकार करना चाहिये।"

सती का दृश्य

धार्मिक अन्धविश्वासों के विरुद्ध

"यदि किसी धार्मिक ग्रन्थ में भी अन्धविश्वास से संबंधित प्रणालियाँ हैं तो उनका सुधार किया जाना चाहिये। ऐसे ग्रन्थों को त्यागना ही उचित है। याद रखें धर्म का कार्य उसे जीवन में ग्रहण करना अथवा धारण करना है और अच्छी बातें ही धारण की जानी चाहिये।"

शिक्षा के सम्बन्ध में

"भारत की उन्नति केवल ऐसी उदार शिक्षा के द्वारा होगी जिसमें पाश्चात्य विद्या तथा ज्ञान प्रदान करने तथा पढ़ाने की प्रणाली हो।"

भाषा शिक्षण के सम्बन्ध में

"भारतवासियों को अपनी मातृभाषा के साथ-साथ अन्य

भाषाएँ भी सीखना चाहिये। अँग्रेजों के शासनकाल में हम सबके लिये अँग्रेजी जानना बहुत जरूरी है। अँग्रेजी जानने से ही हमें दुनिया भर के बारे में जानकारियाँ प्राप्त होंगी। अँग्रेजी पुस्तकें लगन से पढ़ कर हम अँग्रेजी सीख सकते हैं।''

सतीप्रथा के विरुद्ध

''सती करने की कुप्रथा एक पाप है। पति का देहांत हो जाने के बाद उसके शव के साथ उसकी पत्नी को जला देने को क्रूर हत्या ही कहा जाएगा। ज़रा सोचो! यदि सारी नारियाँ एकजुट हो गयीं और अगर किसी स्त्री की मृत्यु के बाद सारी स्त्रियाँ मिल कर उसके पति को जीवित चिता पर जला दें तो पुरुष समाज जो सतीप्रथा की बात करता है, इन स्त्रियों का समर्थन करेगा?''

स्त्री सम्मान के बारे में

''मैं चाहता हूँ प्रत्येक स्त्री को पुरुषों की तरह सारे अधिकार प्राप्त हों, क्योंकि स्त्री ने ही पुरुष को जन्म दिया है। हर दशा में स्त्री का सम्मान होना चाहिये। इसलिये सतीप्रथा के द्वारा स्त्री हत्या कर जघन्य पाप के भागीदार न बनें।''

छुआछूत तथा जातिप्रथा के विरुद्ध

''ईश्वर किसी व्यक्ति से कोई भेद नहीं करता। जबकि व्यक्ति छुआछूत तथा जाति-पाँति जैसे भेदभाव से भरा हुआ हैऽ यह भेदभाव मनुष्य की बुद्धिहीनता का परिचायक है।''

वेदान्तज्ञान के सम्बन्ध में

''मैंने 'वेदान्त सार' का रूपांतरण अँग्रेजी में किया है। मैं

अपने यूरोपीय मित्रों को बताना चाहता हूँ कि जिन कुप्रथाओं ने हिन्दू धर्म को विसंगतियों तथा कुरीतियों का धर्म बना दिया है, उनका वेदों के ज्ञान और सिद्धान्तों से कोई सम्बन्ध नहीं है।"

नवजागरण के सम्बन्ध में

"जीवन के सत्य को प्रगट करने वालों की संख्या बहुत कम है। समझ नहीं आता कि कुछ लोग समाज को अन्धकार में क्यों रखना चाहते हैं?"

"समाज में ऐसे भी व्यक्ति हैं जो स्वयं ज्ञान प्राप्त कर समस्त समाज को उस ज्ञान के प्रकाश से आलोकित करना चाहते हैं।"

"ज्ञान के विरोधी धर्मांध, पाखंडी तथा अन्धविश्वासी हैं। वे चाहते हैं कि पूरे समाज के लोग अन्धकार में रहें, ताकि वे धर्म की आड़ में अपने संकीर्ण स्वार्थ साध सकें। यही लोग समाज में प्रकाश के शत्रु हैं, प्रकाश फैलने से समस्त जगत के समक्ष उनके असत्य तथा पाखंड सामने आ जाएँगे।"

"रूढ़ीवादी नहीं चाहते कि व्यक्तियों में सकारात्मक परिवर्तन आयें। सामाजिक जागरण को ये स्वयं के लिये ही चुनौती मान लेते हैं। ऐसे ही लोग रूढ़ियों और कुप्रथाओं को धर्म के रूप में प्रचारित कर समाज के गुमराह करते हैं।"

"देश के सभी नागरिक बन्धुओं से मेरी अपील है कि वे अन्धविश्वासी परम्पराओं को त्याग दें। हमारे देश और समाज ने अन्धकार युग में व्यर्थ ही बहुत समय गंवा दिया है।"

"हम सभी को अपने जीवन की आवश्यकताएँ पूरी करते हुए प्रगति करना है। इसके लिये शिक्षा आवश्यक है। शिक्षा ही

सही तथा गलत का ज्ञान करवाती है। गलत-सही का अनुमान लगा कर जो कार्य किये जाते हैं, वे अवश्य ही सफल होते हैं।''

''जो भी काम बिना सोचे-समझे व्यर्थ ही परम्पराओं के नाम पर किये जाते हैं, उनसे नुकसान ही होते हैं।''

''मैं अपने समाज के सभी मित्रों को सावधान करता हूँ। आप सभी व्यर्थ की रस्मों और रूढ़ीग्रस्त कुप्रथाओं को त्याग दें। उज्जवल भविष्य की तलाश के लिये स्वयं का मूल्याँकन करें, जागृत हों।''

''आज इस नये युग में मात्र पुरानी संस्कृति और और प्राचीन इतिहास से कोई भी समाज और देश विकास नहीं कर सकता।''

भारत में नई शिक्षा-प्रणाली के सम्बन्ध में

''यूरोपीय शिक्षा-प्रणाली में जितना सम्मान ग्रीक और लैटिन भाषाओं का है, उतना ही सम्मान गणित और विज्ञान का भी है। जिस प्रकार गणित और विज्ञान की शिक्षा यूरोप के लिये आवश्यक है, भारत के विद्यार्थियों के लिये भी है।''

भारत के आत्मसम्मन के बारे में

''आधुनिक उपयोगी मशीनों की जानकारी हमें अँग्रेजों ने दी है। इसके लिये हम उनका धन्यवाद करते हैं। लेकिन अँग्रेजों को यह समझना चाहिये कि भारत-दर्शन और साहित्य में किसी भी देश से कम नहीं है।''

विश्व मैत्री तथा विश्व बन्धुत्व की आवश्कता के सम्बन्ध में भारतीय दृष्टिकोण

''संसार की समस्त मानव-जाति एक विशाल परिवार की

डाक टिकट पर राजा राममोहन राय

तरह है। यह विज्ञान सम्मत तथ्य है कि विभिन्न देशों की प्रजातियाँ एक विशाल अंतर्राष्ट्रीय परिवार की ही शाखाएँ हैं।''

''हम समस्त मानव जाति को सुखी और समृद्ध देखना चाहते हैं। एक दूसरे के विकास में आने वाली कठिनाइयों को दूर करते हुए परस्पर मैत्री चाहते हैं।''

''यदि किन्हीं भी दो देशों के बीच किसी तरह के राजनैतिक मतभेद उत्पन्न हो जाएँ तो एक विश्वसंघ के समक्ष रखना चाहिये। इस विश्वसंघ में सभी देशों की समान प्रतिभागिता हो तथा इसके बहुमत के निर्णय का सभी सम्मान करें।''

''विश्वसंघ सभी राष्ट्रों में मैत्री-भावना की स्थापना कर

वैश्विक मैत्री का मार्ग प्रशस्त करे।''

राजा राममोहन राय : व्यक्तित्व तथा कृतित्व : विद्वानों की राय में

गुरुदेव रवींद्रनाथ ठाकुर

''राममोहन राय ने भारत में आधुनिक युग का सूत्रपात किया था। वे भारतीय नवजागरण के पिता तथा भारतीय राष्ट्रवाद के प्रणेता थे। उनके धार्मिक तथा सामाजिक विचारों के मूल में देश के निवासियों का राजनीतिक विकास करने की इच्छा मुख्य थी।''

पंडित जवाहरलाल नेहरू

''राजा राममोहन राय महान विद्वान थे, लेकिन मुख्यत: वे एक बड़े समाज-सुधारक थे।''

इतिहासकार विपिन चंद्र पाल

''हमारे राष्ट्र को राजनीतिक स्वतंत्रता का पहला संदेश राजा राममोहन राय ने ही दिया था। वे भारतीय समाज की राजनीतिक उन्नति चाहते थे। उन्होंने पूरे आत्म विश्वास के साथ भारतीय समाज को आधुनिक विचार प्रदान किये।''

नेताजी सुभाषचंद्र बोस

''राजा राममोहन राय भारतीय नवजागरण के अग्रदूत थे।''

जीवनीकार सोफिया डी. कोलेर

''राजा राममोहन राय भूत और भविष्य के बीच एक ऐसे विचारक थे जिन्होंने धर्म की तार्किक व्याख्या प्रस्तुत कर विज्ञान सम्मत मार्ग सुझाया।''

विचारक मोनियर विलियम्स

"वे तुलनात्मक धर्मशास्त्र के पहले गंभीर विवेचक थे।"

अँग्रेजी भाषा के विद्वान जेम्स सिल्क बकिंघम तथा जैरमी केथम

"राजा राममोहन राय का अँग्रेजी भाषा पर विशेष अधिकार था। उनकी अँग्रेजी-दक्षता से अँग्रेजों को भी सीख लेनी चाहिये।"

प्रसिद्ध इतिहासवेत्ता मैक्समूलर

"यदि भारत में कभी भी कोई नया धर्म होगा तो मुझे विश्वास है वह अपने जीवन-संचार के लिये राजा राममोहन राय और उनके योग्य शिष्यों के विशाल हृदय का ऋणी रहेगा।"

राजा राममोहन राय : समग्र मूल्यांकन

राजा राममोहन राय के सम्पूर्ण जीवन-वृत्तांत के अध्ययन से हमें ज्ञात होता है कि मूलत: वे एक महान धर्म तथा समाज सुधारक थे। उन्होंने धर्म में सुधारों के उद्देश्य से ब्रह्म-समाज की स्थापना की थी। लेकिन किसी नये धर्म की स्थापना उनके जीवन का उद्देश्य नहीं था। राजा राममोहन राय नास्तिक नहीं थे लेकिन उनकी उपासना प्रणाली में मूर्तिपूजा, साम्प्रदायिकता तथा जातिगत भेदभाव नहीं थे।

राजा राममोहन राय के उपास्य एक ही अनादि-अनन्त सर्वव्यापी परमेश्वर थे। इस परमेश्वर की कोई भी मूर्ति, चित्र, छवि या आकार नहीं था। राजा जी भोग, प्रसाद, भंडारा आदि के समर्थक नहीं थे। उनकी विचारधारा में सम्पूर्ण मानव जाति को इस उपासना गृह में प्रार्थना करने का समान अधिकार था। परमात्मा की उपासना में संगीत-प्रथा, प्रवचन तो थे लेकिन केवल

आदि गुरु शंकराचार्य

प्रेम और दया के संदेश थे।

सही अर्थों में उन्होंने निराकार ईश्वर की अवधारणा को ही प्रस्तुत किया था। यह अवधारणा वेदों तथा उपनिषदों से ही ली गयी थी।

कोलकाता में सन् 1815 में उन्होंने 'आत्मीय सभा' का गठन किया था। इस संस्था की साप्ताहिक बैठकों में वेदों की व्याख्या का पाठ किया जाता था। यह पाठ सरल भाषा में प्रस्तुत किया जाता था। प्रत्येक सभागम में ब्रह्म-संगीत का भी गायन होता था।

कुछ परम्परावादियों ने उनके विरुद्ध दुष्प्रचार भी किया। इस कड़ी में उनके विरोधियों ने 'वेदान्त चंद्रिका' नामक पुस्तक प्रकाशित करवायी। यह पुस्तक मूर्तिपूजा के समर्थन में थी। इस

राजा राममोहन राय की समाधि

पुस्तक में राजा राममोहन राय के लिये कुछ अपशब्दों का भी प्रयोग किया गया था। राजा राममोहन राय ने इसका शास्त्र सम्मत उत्तर प्रस्तुत किया—

"परमात्मा को साकार, मूर्ति अथवा चित्र वाला बताना वेद-उपनिषदों के विरुद्ध है। कठोपनिषद, मुंडकोपनिषद, ईशोपनिषद की व्याख्या तथा वेद मंत्रों में परमेश्वर का निराकार स्वरूप ही प्राप्त होता है।"

राजा राममोहन राय ने अपनी संस्था के प्रकाशित वेद साहित्य को शास्त्र सम्मत सिद्ध करते हुए, वेदों से प्रमाण प्रस्तुत किया था—

"वेदार्थ यज्ञशास्त्राणि धर्मे शास्त्राणि चैव हि।
मूलयेन लेखयित्वो दद्यादेति स वै दिवं॥"

अर्थात—जो व्यक्ति वेदार्थ, यज्ञ तथा धर्म संबंधित शास्त्रीय

ग्रन्थ मूल्य देकर लिखवाये तथा समाज में प्रस्तुत करे, स्वर्ग प्राप्त करता है।

राजा राममोहन राय का सम्पूर्ण धार्मिक-सुधार आन्दोलन वेदान्त पद्धति पर आधारित था। उन्होंने वेदव्यास रचित संस्कृत ग्रन्थ 'वेदान्त सूत्र' का सरल बांग्ला भाषा में अनुवाद प्रस्तुत किया। उन्होंने आदिगुरु शंकराचार्य की व्याख्याओं का भी एक ही ब्रह्म की उपासना की मान्यता स्थापित करने में प्रयोग किया। उन्होंने अपने धर्म सुधार विचारों में कहा—

(1) वेदों तथा उपनिषदों में एक ही व्यापक परमेश्वर की उपासना का अस्तित्व है।

(2) परमेश्वर के निराकार स्वरूप की उपासना का संदेश इन ग्रन्थों में है।

(3) परमात्मा तथा मोक्ष की प्राप्ति कुरीतियों, ढोंग से नहीं बल्कि ज्ञान से ही हो सकती है।

(4) ज्ञानियों के लिये एकमात्र ब्रह्म की उपासना का संदेश वेदों में दिया गया है। वही सत्य है।

वेदान्त ज्ञान के प्रचार के लिये उन्होंने संगठित रूप से सतत कार्य किया। उनकी प्रचार-पद्धति में शामिल थे—

(1) सामान्य आमने-सामने की संवाद सभाएँ।

(2) व्याख्यान तथा शास्त्रार्थ सभाएँ।

(3) शंका समाधान हेतु आपसी बातचीत।

(4) साहित्य, समाचार-पत्र तथा ग्रन्थों का सरल भाषा में प्रकाशन।

(5) सभाओं तथा संस्थाओं की स्थापना

(6) विद्यालयों की स्थापना।

राजा राममोहन राय ने मसीही धर्म की विशिष्ट सुधारवादी व्याख्या प्रस्तुत की थी। उन्होंने हिन्दू धर्म के सच्चे स्वरूप पर तो लिखा ही मसीही धर्म की सच्ची व्याख्या भी प्रस्तुत की।

उन्होंने सच्चे हिन्दू धर्म के सम्बन्ध में कहा था—

"धर्म ऐश्वर्य और चमत्कारों की चमक-दमक के रथ पर नहीं बैठता। सच्चे धर्म प्रचारक को बड़ी-बड़ी सम्मानित उपाधियों की आवश्यकता नहीं होती। धर्म भव्य भवनों में भी नहीं रहता है।"

उन्होंने बाइबल के प्रमाणों के साथ मसीही धर्म के सच्चे स्वरूप पर लेख प्रस्तुत किये।

उन्होंने 'प्रिसेप्ट्स ऑफ जीसस टू पीस एंड हैप्पीनेस' नामक पुस्तक लिखी। जिसका अर्थ था—"ईसा मसीह के प्रसन्नता तथा शांति प्रदाता उपदेश।"

उनके ज्ञान का इंग्लैंड तथा फ्रांस में स्वागत हुआ। सन् 1930 में वे यूरोप यात्रा पर गये थे। इंग्लैंड तथा फ्रांस के विद्वानों ने उनका हार्दिक स्वागत किया। उनके जीवन चरित्र की लेखिका सुश्री मेरी कारपेंटर ने उनकी यूरोप यात्रा के सम्बन्ध में लिखा है—

"राजा राममोहन राय के इंग्लैंड पहुँचने के पहले ही उनकी ख्याति वहाँ पहुँच चुकी थी। उनके ज्ञान के सम्बन्ध में कई परचे प्रकाशित किये गये थे।"

फ्रांस में महाकवि टॉमस मूर ने उनसे भेंट की। पेरिस की एशियाटिक सोसायटी ने उन्हें अपनी संस्था की मानद सदस्यता

प्रदान की। यूरोप में राजा राममोहन राय की ख्याति सती प्रथा को बन्द करवाने वाले महामानव के रूप में अधिक थी। उन्हीं के अथक प्रयासों से 04 दिसम्बर 1829 को सती-प्रथा को लॉर्ड विलियम बैंटिक ने दंडनीय अपराध घोषित कर सम्पूर्ण भारत में इस कुप्रथा पर प्रतिबंध लगा दिया था।

राजा राममोहन राय के सुधार कार्यों का परम्परावादी समाज के कुछ लोगों ने विरोध भी किया था। कई बार इस विरोध ने अशोभनीय रूप भी ले लिया। लेकिन बिना विचलित हुए उन्होंने अपना अभियान जारी रखा। उन्होंने लिखा—

"सभ्यता ने मुझे ऐसी बातों का उत्तर देने से रोका है। जो लोग मेरा विरोध कर रहे हैं, उनसे मेरा निवेदन है कि वे धर्म जैसे महत्त्वपूर्ण विषय पर तर्क-वितर्क प्रस्तुत कर रहे हैं, वहाँ गलत भाषा का प्रयोग सर्वथा अनुचित है।"

राजा राममोहन राय का लक्ष्य आम गृहस्थ हिन्दूओं में समाज सुधार था। उन्होंने 'ब्रह्मनिष्ठ गृहस्थ', 'अनुष्ठान', 'प्रार्थना पत्र', 'ब्रह्मोपासना' जैसी पुस्तिकाएँ हिन्दू समाज के जागरण के लिये प्रकाशित की थीं। उन्होंने इन पुस्तिकाओं में सर्वधर्म समभाव तथा बिना किसी भेदभाव के एक निराकार ब्रह्म की उपासना का उपदेश दिया है।

राजा राममोहन राय भारतीय संस्कृति के सच्चे समर्थक थे। उन्होंने 'ब्रह्म-संगीत' नामक पुस्तक में संगीत रचनाओं का संकलन किया था। भारतीय संगीत के सम्बन्ध में उन्होंने कहा था—

"हमारी उपासना में संगीत का महत्त्वपूर्ण स्थान है। महर्षि याज्ञवल्क्य ने उपासना में संगीत को स्वीकार किया है। भारतीय

संगीत हमारे मन को पवित्र भावनाएँ प्रदान करता है।"

इस सम्पूर्ण विवेचन से ज्ञात होता है कि राजा राममोहन राय ने तत्कालीन समाज को तार्किक धर्म पद्धति, भेदभाव मुक्त समाज तथा नई वैज्ञानिक चेतना के साथ आधुनिक शिक्षा- प्रणाली का संदेश दिया था। उनका मत था कि धार्मिक रीति-रिवाज, सामाजिक प्रथाएँ समाज के कल्याण के लिये होनी चाहिये। वे सामाजिक कल्याण तथा मानवीय सत्य के उत्थान से परे नहीं हो सकतीं।

यही कारण है कि विद्वानों ने राजा राममोहन राय को भारतीय नवजागरण के अग्रदूत का सम्मान व सम्बोधन दिया है।

राजा राममोहन राय

(संक्षिप्त जीवन–वृत्तांत : काल–क्रमानुसार)

ईस्वी सन्		
1772 22 मई	:	बंगाल प्रांत के मुर्शिदाबाद–बर्दवान क्षेत्र के गाँव राधानगर में एक रूढ़ीवादी ब्राह्मण परिवार में जन्म।
1778	:	ग्रामीण पाठशाला में बांग्ला भाषा की पढ़ाई।
1781	:	पटना के मदरसे में अरबी तथा फ़ारसी की पढ़ाई।
	:	बनारस में संस्कृत भाषा तथा वेदों–उपनिषदों का अध्ययन।
1788	:	मूर्तिपूजा खंडन पर लेखन।
1794	:	बंगाल वापसी। मसीही विद्वान विलियम कैरी के सम्पर्क में बाइबल का अध्ययन।
1796	:	राजा राममोहन राय, विलियम कैरी तथा विद्या वागीश द्वारा एकेश्वरवादी धारणा पर लेखन।

1797	:	बाइबल का बांग्ला भाषा में अनुवाद। तिब्बत यात्रा। बौद्ध धर्म-ग्रन्थों का अध्ययन।
	:	कोलकाता आगमन। अरबी-फ़ारसी में किताब 'तुहफा-तूल-मुवाहिदीन' अर्थात एकेश्वरवादियों को उपहार का लेखन।
1805 से 1814	:	बंगाल में ईस्ट इंडिया कम्पनी में मुंशी की नौकरी।
1814	:	ईस्ट इंडिया कम्पनी की सेवा से त्याग पत्र कोलकाता में स्थायी निवास।
1815	:	कोलकत्ता में हिन्दू कुप्रथाओं के विरुद्ध 'आत्मीय सभा' की स्थापना।
1816	:	'वेदान्त-सार' ग्रन्थ के बांग्ला तथा अँग्रेजी अनुवाद का प्रकाशन। 'हिन्दूइज़्म' की अवधारणा प्रस्तुत।
1817-18	:	'सती-प्रथा' के विरुद्ध आन्दोलन। 'ब्रह्म सभा' का गठन। पुस्तिका 'ब्रह्मोपासना' का प्रकाशन। पुस्तक 'द प्रीसेप्ट्स ऑफ जीसस' का प्रकाशन।
1819	:	शास्त्रार्थ के माध्यम से वैदिक प्रचार। जातिप्रथा खंडन पर पुस्तिका 'वज्रसूची' का प्रकाशन।
1821	:	बांग्ला सप्ताहिक 'संवाद कौमुदी' का सम्पादन।

1823	:	'यूनीटेरियन प्रेस' की स्थापना। 'मिरात-उल-अख़बार' का प्रकाशन।
1825	:	कोलकाता में वेदान्त कॉलेज की स्थापना।
1829 06 दिसम्बर	:	ब्रिटिश शासन द्वारा भारत में सती-प्रथा पर कानूनी प्रतिबंध।
1830	:	मुगल सम्राट अकबर द्वितीय द्वारा राममोहन राय का राजा की उपाधि से सम्मान।
1831-32-33	:	इंग्लैंड तथा फ्रांस की यात्राएँ। यूरोपियन समुदाय को संबोधन। प्रेस की आज़ादी के लिये इंग्लैंड में संघर्ष।
1833 27 दिसम्बर	:	इंग्लैंड के ब्रिस्टल नगर के स्टेपटलन क्षेत्र में मस्तिष्क-ज्वर रोग से देहांत।
1843	:	ब्रह्म समाज द्वारा आर्नोसबेल ब्रिस्टल इंग्लैंड में समाधि का निर्माण।

□□□